少林武术精粹系列丛书

少林枪术（二）

德虔　德炎　编著

北京体育大学出版社

责任编辑：孙运娟
责任校对：孙　静
版式设计：李　鹤

图书在版编目（CIP）数据

少林枪术. 二 / 德虔, 德炎编著. -- 北京 : 北京体育大学出版社, 2022.1
（少林武术精粹系列丛书）
ISBN 978-7-5644-3583-7

Ⅰ. ①少… Ⅱ. ①德… ②德… Ⅲ. ①少林武术－枪术(武术)－套路(武术) Ⅳ. ①G852.23

中国版本图书馆CIP数据核字(2022)第007639号

少林枪术（二）
SHAOLIN QIANGSHU(ER)
德虔　德炎　编著

出版发行：北京体育大学出版社
地　　址：北京海淀区农大南路1号院2号楼2层办公B-212
邮　　编：100084
网　　址：http://cbs.bsu.edu.cn
发 行 部：010-62989320
邮 购 部：北京体育大学出版社读者服务部 010-62989432
印　　刷：北京昌联印刷有限公司
开　　本：880mm × 1230mm　1/32
成品尺寸：148mm × 210mm
印　　张：2.25
字　　数：44千字
版　　次：2022年1月第1版
印　　次：2022年1月第1次印刷
定　　价：13.80元

前言

武术作为中国的国粹，是中华民族传统文化的组成部分。家喻户晓的少林武术便是其中极具代表性的门类，是中国武术的重要象征。

我社与少林武术结缘已久，伴随着时光的流逝，有多种内容、多样组合、各种形式的载有少林武术的出版物，源源不断地从我社注入市场，为方兴未艾的少林武术热潮平添了更高的热度。可以说，少林武术图书一直与我社相伴相随，成为我社具有长期出版价值的图书门类。其中，少林武术图书的编纂者——已故的王长青（法号释德虔）先生功不可没。他经年累月锲而不舍，寻于寺院、觅于乡间，挖掘出大量尘封的少林武术资料，继而分门别类梳理、整饬成一册册书稿，并与我社携手努力，打造出独树一帜的武术图书板块，为我社的武术图书出版打开了新局面。

今天，在着力弘扬中华优秀传统文化，树立和增强文化自信的大背景下，我社将以往出版的少林武术书籍重新进行了编排，以全新的面貌推出“少林武术精粹系列丛书”，这是我社多年来少林武术出版情结的延续，是对积累和沉淀的少林武术资源的再一次整合与展示，更紧密契合了时代的要求。

通过这套书，读者可以研习刚柔相济、闪转腾挪的少林功夫，可以感悟其中凝结的中华智慧，可以领略武术文化的博大精深……这便是我社对这套书出版价值的期待。

目　录

少林花枪

动作名称

预备势

1.马步刺枪

2.中上刺枪

3.跳步中平刺

4.上步刺枪

5.踮跳绞刺

6.回头望月

7.转身中上刺

8.弓步架刺

9.中平刺枪

10.压枪穿根

11.上步镖枪

12.反把打根

13.拦腰旋风枪

14.二郎担山

15.束身挑枪

16.上步中平刺

17.上步打把

18.架枪下刺

19.提膝亮枪

20.中平刺枪

21.上步拨枪

22.舞花倒压枪

23.马步横拨枪

24.提膝收枪

收　势

动作图解

预备势

两腿直立，右手握枪，枪锋向上，左臂下垂，左手五指并拢，附于左大腿外侧，掌心向内，抬头挺胸，目视前方。（图1）

1.马步刺枪

左脚向左开一步，两腿半蹲成马步，同时左手接把，两手握枪向左刺，枪锋向左，目视枪锋。（图2）

图 1

图 2

2.中上刺枪

右脚向左横跳步，左脚落于右脚前，身体稍左转，右脚向后提起，同时两手握枪向前中上刺，枪锋向前，目视枪锋。（图3）

3.跳步中平刺

两脚向前跳一步，两腿成左弓步，两手握枪向前中平刺，枪锋向前，目视枪锋。（图4）

图 3

图 4

4.上步刺枪

右脚向前上一步，成右弓步，同时两手握枪由左向右绞枪，再向前中上刺枪，枪锋向前，目视枪锋。（图5）

5.踮跳绞刺

左脚向前上一步，右脚踮起，同时两手握枪向前中上刺，枪锋向前，目视枪锋（图6）；随之，右脚向前跳一步，上左脚成左弓步（图7）；同时两手握枪举臂向左侧下方绞枪，右手高于头，枪锋向左下方，目视枪锋（图8）；而后两手握枪再落臂由右向左绞刺，然后向前直刺，枪锋向前，目视枪锋（图9）。

图 5

图 6

图 7

图 8

图 9

6.回头望月

两脚蹍地，身体右转180度，成右弓步，同时两手倒把，使枪随身向左侧后下方斜刺，右手握把上举到头上前方，枪锋向后下方，目视枪锋（图10）；而后抬右脚向前踮跳一步，左脚落于右脚前，同时两手抖枪绞锋，目视枪锋（图11）。

图 10

图 11

7.转身中上刺

右脚向前上一步，两脚蹍地，身体左转180度，两腿成左弓步，两手移把，握枪由后随身向前直刺，枪锋向前，目视枪锋（图12）；而后右脚上一步成右弓步，同时两手倒把，向身体左侧颤枪，目视枪根（图13）。

图 12

图 13

8.弓步架刺

左脚向前踮跳一步，右脚落于左脚前，成右弓步，舞半花，两手握枪由前向后绕头架枪向右前斜下刺，目视枪锋（图14）；而后左脚向前上一步，身体右转90度，两脚踝地，两腿成右横弓步，变步时舞花，然后倒把举右臂架枪，枪锋向左下方，目视枪锋（图15）。

图 14

图 15

9.中平刺枪

两脚踬地，身体左转90度，两腿成左弓步，同时落右臂绞枪，然后滑把前刺，目视枪锋。（图16）

图 16

10.压枪穿根

两脚不动，舞半花，两手倒把，向身体左后方撩枪，然后向前穿枪根，目视枪根。（图17）

图 17

11.上步镖枪

右脚上半步，两手倒把，握枪由后向下向前撩，然后身体右侧竖枪，枪锋向下，目视前方（图18）；而后左脚向左开半步，两腿成左弓步，同时舞半花，后倒把向前中上刺，枪锋向左，目视枪锋（图19）。

图 18

图 19

12.反把打根

两脚踞地，身体左转90度，两腿成左弓步，同时舞半花，然后反把向前打枪根，枪锋向后，目视枪根。（图20）

13.拦腰旋风枪

两脚踞地，身体右转90度，两手倒把舞抡拦打一周，然后倒把端枪再由左向右拨枪，枪锋向左，目视枪锋。（图21）

图 20

图 21

14.二郎担山

两脚踮地，身体左转90度，抬右脚向前上一步，两手倒把舞半花，然后向左转身跳步，左腿屈膝后抬，左手松把，右手握把向右侧抡枪（图22）；随之，左脚落于左侧一步，两脚踮地，身体左转180度，抬右脚向前上一步，右手挽把横担肩上，左手接把，枪锋向后，目视枪锋（图23）；而后，左脚上一步，同时左手脱把，由左随身向前屈肘立掌，目视前方（图24）。

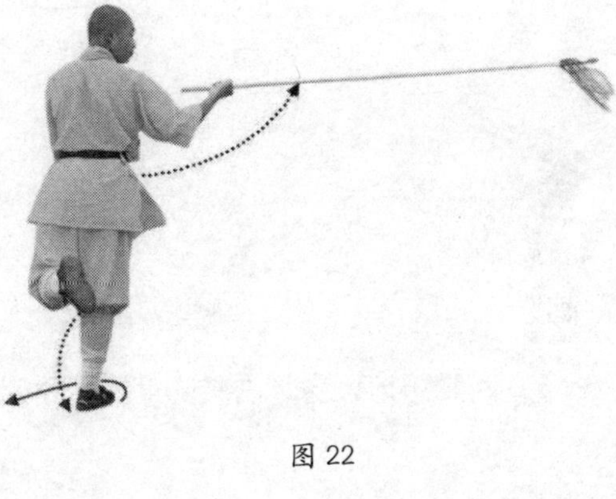

图 22

图 23

图 24

15.束身挑枪

两脚踩地，身体右转180度，上右脚为丁字步（两腿半蹲），同时左手接把舞半花，然后两手握枪根向前束身挑枪，枪锋向前，目视枪锋。（图25）

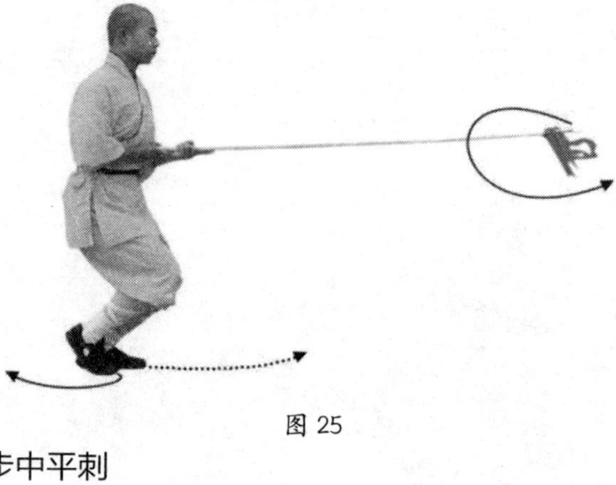

图 25

16.上步中平刺

左脚向前上一步，两脚踩地，身体右转90度，两手滑把，握枪由上

向下由前往后挽枪，然后向前中平刺，枪锋向前，目视枪锋。（图26）

图 26

17.上步打把

右脚向前上一步，屈膝微蹲，同时两手倒把随身用枪根向前猛打，枪锋向后，目视枪根。（图27）

18.架枪下刺

左脚向前上一步，两脚踉地，身体右转90度，两腿屈膝，成左弓步，同时举右臂架枪向左下方斜刺，枪锋向下，目视枪锋。（图28）

图 27

图 28

19.提膝亮枪

左脚向前踮跳一步，右腿提膝，同时两手滑把，屈肘托枪竖于胸前上方，枪锋斜向上，目视前方。（图29）

图 29

20.中平刺枪

右脚落地，左脚上前一步，成左弓步，同时两手移把，握枪向前中平刺，枪锋向前，目视枪锋。（图30）

图 30

21.上步拨枪

右脚向前踮跳一步，左腿提膝，两手握枪向下返上绞枪，然后向上向后举臂抡枪（图31）；而后，左脚落于右脚前，上右脚再上左脚成左弓步，同时两手握枪由上向后再向下往前抡，然后由右向左拨枪，枪锋向前，目视枪锋（图32）。

22.舞花倒压枪

两脚不动，两手滑把，置枪于身体左侧，横枪锋向后穿，目视枪根。（图33）

23.马步横拨枪

两脚不动，身体右转180度，两手滑把，握枪随身舞花，转身后，两腿屈膝成马步，两手握枪由前向后拨，枪锋向左，目视枪锋。（图34）

图 31

图 32

图 33

图 34

24.提膝收枪

两脚不动，舞半花，然后左腿提膝，右手握枪杆下段，左手松把，屈肘亮掌，右手握枪斜竖于身前左侧，枪锋斜向上，目视前方。（图35）

收　势

左脚下落于右脚内侧，两脚并立成八字，同时右手挽枪由上向

下向右往上抡枪，然后竖立于身体右侧，枪锋向上，枪根着地，左拳抱于腰间，身体挺直，目视前方。（图36）

图 35

图 36

少林大花枪

动作名称

预备势

1.踢枪平刺

2.单刺膀

3.转身收枪

4.转身踢刺枪

5.白鹤亮翅

6.夜叉探海

7.卧地枪

8.舞花刺枪

9.舞花转身刺枪

10.仙人坐洞

11.舞花踢枪

12.舞花转身刺枪

13.坐盘左下刺

14.箭步刺枪

15.转身架枪

16.大破南门

17.跳步转身撩阴枪

18.窜腰枪

19.小猴背枪

收　势

动作图解

预备势

两脚并立成八字，身体挺直，左手握枪，右臂下垂，右掌附于右大腿外侧，掌心向内，目视前方。（图1）

1.踢枪平刺

左脚向右踢枪根，右手接枪，左脚向左跨一步，身体左转90度，成左弓步，两手托枪向前中平刺，目视枪锋。（图2）

图 1

图 2

2.单刺膀

右脚向前上步成虚步，然后缩枪斜向前下方扎，目视枪锋（图3）；随之，右脚向前上步成右弓步，右手持枪向前平刺，左手由胸前向外向后平展，掌心向外，目视枪锋（图4）。

图 3

图 4

3.转身收枪

两脚踾地，身体左转90度，两腿成马步，右手握枪后缩至左胸前，左手由外向内屈肘护于胸前，目视枪锋。（图5）

图 5

4.转身踢刺枪

身体右转90度，左手接把，然后两手握枪向左抡，再绕头向下猛旋一圈，随之由下向前撩枪，同时抬左脚向前踢枪（图6）；而后左脚向前落步成左虚步，双手托枪向前下方捣扎，两腿微蹲，目视前方（图7）。

图 6

图 7

5.白鹤亮翅

两脚踉地，身体右转90度，左腿提膝，左手脱把，右手持枪由左向右绕头架枪，枪锋向左，同时左手随身向左侧展臂撩掌，目视左侧。（图8）

6.夜叉探海

左脚落于右脚外侧，两腿成叉步，并且半蹲，同时右手持枪，由右向左绕头旋一圈，左手接把，架枪向左下方捣刺，目视枪锋。（图9）

图 8

图 9

7.卧地枪

两脚向左跳一大步，落地成歇步，双手握枪向左侧猛刺，目视枪锋（图10）；而后右脚向后退一步，身体右转180度，成左弓步，两手倒把握枪向前平刺，目视前方（图11）。

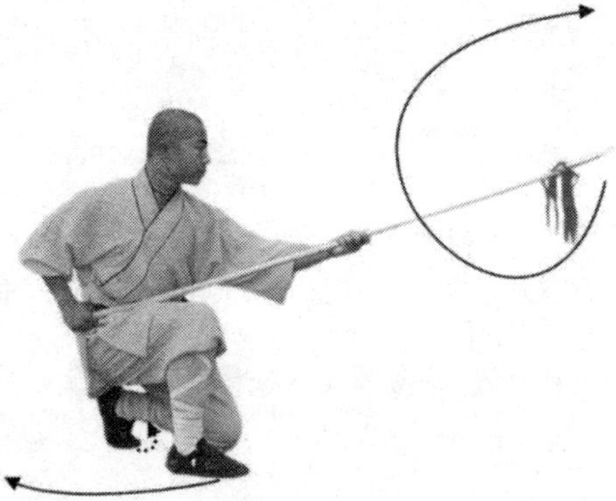

图 10

图 11

8.舞花刺枪

左脚向左后方移一步，身体稍向左转，左脚变成虚步，双手握枪从左向右上舞花，目视枪锋（图12）；两脚踯地，身体右转180度，两手架枪向前下方刺，同时抬左脚向前弹踢（图13）。

图 12

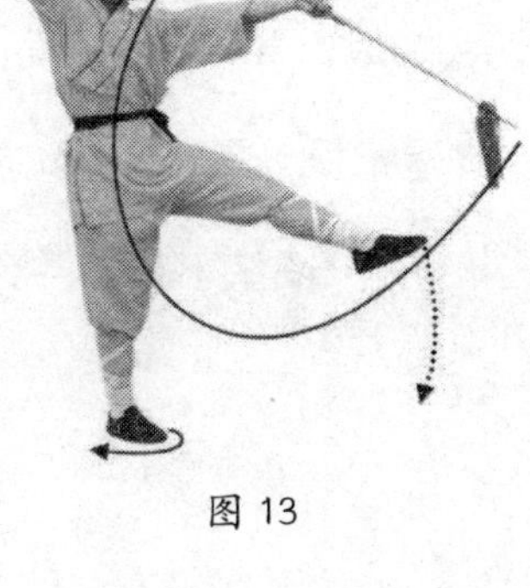

图 13

9.舞花转身刺枪

左脚向前上一步，身体右转90度，左脚向前成左弓步，双手持

枪向前方刺，目视前方。（图14）

10.仙人坐洞

左脚向右移半步，身体右转180度，左脚向左上一步，成左弓步，两手握枪使枪根向两腿中间竖立下捣，枪锋向上，目视右侧。（图15）

图 14

图 15

11.舞花踢枪

两脚踮地，身体右转90度，双手持枪向右舞花，当枪杆压于右腋下时，左脚踢枪根（图16）；随之左脚下落与右脚并步，双手握枪向左舞花，当枪杆压于右腋下时，再抬左脚踢枪杆上端，目视前方（图17）。

图 16

图 17

12.舞花转身刺枪

左脚向后落一步，身体右转180度，双手持枪舞花，然后两腿成左弓步，双手握枪向前刺，目视前方。（图18）

图 18

13.坐盘左下刺

右脚移于左脚前一步，身体右转90度，两腿成叉步，然后全蹲成歇步，双手握枪向左下方斜刺，目视前方。（图19）

14.箭步刺枪

起身，两脚向左侧箭跳一大步，然后右脚向前上步，成右弓步，同时两手持枪向前猛刺，目视枪锋。（图20）

图 19

图 20

15.转身架枪

两脚蹍地，身体左转180度，右脚向前跳一步，两腿成右弓步，两手持枪根绕头上由右向左旋一圈，然后架于前方，目视枪锋。（图21）

图 21

16.大破南门

两脚踝地，身体右转90度，右脚向前踮跳一步，同时双手持枪由下向前上方斜刺，然后抬左腿向前弹踢，目视枪锋。（图22）

图 22

17.跳步转身撩阴枪

左脚落于右脚前半步，成左虚步，双手持枪挽花，使枪把转于左腋下（图23）；随之身体右转180度，转身后左脚落于右脚前，两腿成麒麟步，两手持枪由右向后撩，然后反臂向上架枪下刺，目视枪锋（图24）。

图 23

图 24

18.窜腰枪

左脚踏实，两脚蹍地，身体右转90度，两腿成右弓步，双手握枪向左后下方刺，然后向右悠枪，目视枪锋（图25）；而后身体右转180度，转身后两腿成左弓步，两手换把，使枪由左向右下方刺，目视枪锋（图26）。

图 25

图 26

19.小猴背枪

两脚蹍地，身体右转90度，右脚上一步，成右弓步，同时两手换把滑握枪杆前端，枪根向前刺（图27）；随之两脚向前跳一步，换把背枪，两腿微蹲，成左虚步，左手向前屈肘推掌，掌心向前，目视左掌（图28）。

图 27

图 28

收 势

左脚踏实，身体右转90度，收左脚与右脚并步，同时右手接枪，握杆竖立，左手由下向外向上再向下画弧，然后垂臂，抱拳于腰间，拳心向上，身体挺直，目视前方。（图29）

图 29

少林乌龙枪

动作名称

预备势
1.连三枪
2.刺猬钻穴
3.白鹅扇翅
4.青龙甩尾
5.壮汉闯门
6.天马行空
7.恶豹扒肠
8.银枪穿喉
9.夜叉探海
10.天兵降妖
11.鹞子翻身
12.金鸡锁喉
13.坐山观阵
14.螳螂捕蝉
15.青龙摆尾
16.张袖投镖
17.鸳鸯戏水
18.蜻蜓点水
19.老翁开仓
20.鲁班背天
21.白鸽钻云
22.老翁开仓
23.青蛇吐信
24.乌龙摆尾
25.仙人摘桃
26.盲人敲门
27.燕子展翼
28.黑熊卡脖
29.下海扎鳖
30.黑风入洞
31.老龙盘窝
32.转身舞花
33.大火烧天
34.金鸡锁喉
35.转身卧枪
36.老翁开仓
37.云里观光
38.金鸡锁喉
39.黑鸦入窝
40.弯弓射雁
41.孔雀开屏
42.独拦鸿门
43.鹞扑鹌鹑
44.黑熊卡脖
45.弯弓射雁
46.金鸡锁喉
47.拦腰枪势
48.乌龙入洞
49.老龙摆尾
50.迎日牵月
51.猴子背棒
52.坐山观阵
收　势

动作图解

预备势

两脚并立，右手握枪竖立于身体右侧，枪锋向上，左臂下垂，左手五指并拢，附于左大腿外侧，掌心向内，身体挺直，目视前方。（图1）

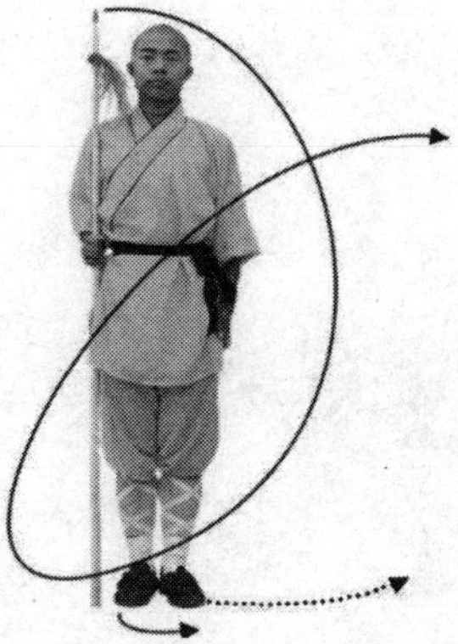

图 1

1.连三枪

左脚向左跨一步，以两脚为轴，身体左转90度，两腿成左弓步，同时右手提枪舞花，然后左手接枪，两手倒把向前刺，枪锋向前，目视前方（图2）；随之右脚向前上一步，两手握枪向右绞，然后向前斜上刺，枪锋向前，目视枪锋（图3）；而后左脚向前上一步，两腿屈膝微蹲，同时两手移把舞花，向左绞枪，然后左手向后滑把，向前上方戳枪，枪锋向前，目视前方（图4）。

图 2

图 3

图 4

2.刺猬钻穴

右脚向前上一步，震脚，与左脚交叉成叉步，两腿半蹲，同时左手向后滑把，向前下方刺枪，目视前方。（图5）

3.白鹅扇翅

左脚向前上一步，以两脚为轴，身体右转45度，左腿屈膝，右腿蹬直，成左弓步，同时左手向上滑把，向后撩枪，然后绕头云旋，举臂架枪，向左前下方刺，枪锋向前，目视枪锋。（图6）

图 5

4.青龙甩尾

两手握枪上挑，两脚向前跳一大步，同时两手由右向左后方摆枪，枪锋向后，目视枪锋。（图7）

图 6

图 7

5.壮汉闯门

两脚落地，两腿成左弓步，同时两手倒把舞花，然后换把托枪由右向左猛戳，枪根向前，枪锋向后，目视前方。（图8）

图 8

6.天马行空

两手握枪舞花，然后两脚向前跳一步，右腿屈膝向后提，左手松把向左上方举臂亮掌，同时右手持枪绕头向右前上方戳，枪锋向前，目视枪锋。（图9）

图 9

7.恶豹扒肠

右脚落地，以两脚为轴，身体右转90度，两腿半蹲成马步，同时右手持枪由前向后绕头抡打，然后左手接枪，两手托枪抖臂，目视右侧（图10）；随之抬两脚向右转体90度跳步，两腿成左弓步，同时两手舞花，然后左手向后滑把，向前下方刺，枪锋向前，目视枪锋（图11）。

图 10

图 11

8.银枪穿喉

右脚向前上一步，两腿成右弓步，同时两手向上滑把舞花，然后倒把向前戳枪根，目视前方（图12）；随之左脚向前上一步，两腿成左弓步，同时两手向枪头滑把舞花，然后握枪向前刺，枪锋向前，目视枪锋（图13）。

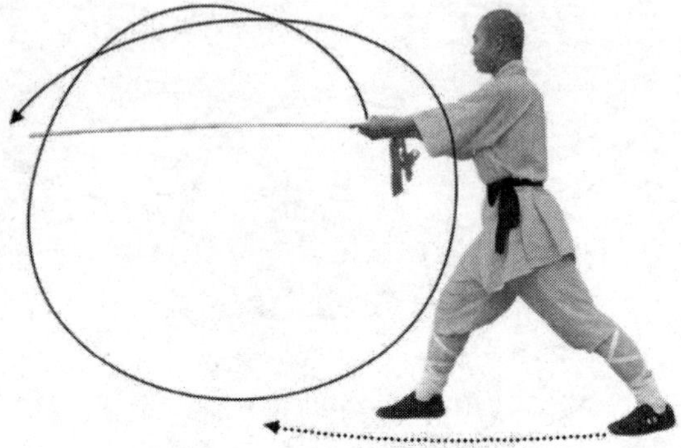

图 12

图 13

9.夜叉探海

右脚向前上一步，同时右手向前滑把，两手握枪向后撩刺，枪锋向后下方，目视前方（图14）；随之左脚向前上一步，脚跟离地变为左虚步，同时两手握枪由后向前撩，然后舞半花，再倒把举右臂架枪向前下方刺，枪锋向前下方，目视枪锋（图15）。

图 14

图 15

10.天兵降妖

两脚向前上方纵跳，当全身腾空时，两手提枪随身上刺，目视前方（图16）；随之两脚落地成左弓步，同时两手握枪向右绕头抡打，然后托枪由右向左横刺，枪锋向左，目视前方（图17）。

图 16

图 17

11.鹞子翻身

两脚跳步，身体左转180度，两腿成右弓步，同时两手握枪随身舞花，然后两手滑把托枪向前下方刺，枪锋向前，目视前下方。（图18）

图 18

12.金鸡锁喉

左脚向前上一步，两腿成左弓步，同时两手向后滑把，由前向后绕头抡打，然后右手向下滑把，抡枪前刺，枪锋向前，目视枪锋。（图19）

13.坐山观阵

右脚向前上一步，以两脚为轴，身体左转90度，两腿屈膝半蹲成马步，同时两手握枪由右向左颤枪，枪锋向左，目视右侧。（图20）

图 19

图 20

14.螳螂捕蝉

以两脚为轴，身体右转90度，左脚向前上一步，抬右脚向前弹踢，同时两手倒把舞花，然后顺势向前压枪，枪锋向前，目视枪锋。（图21）

图 21

15.青龙摆尾

右脚向前一步落地，左脚也向前上一步，以两脚为轴，身体右

转90度，两腿屈膝半蹲成马步，同时舞半花，然后两手握枪向左前方刺，再向右撩捣枪根，枪锋向左上方，目视右侧。（图22）

图 22

16.张袖投镖

两脚向左横跳一步，左腿屈膝，右腿蹬直，成左弓步，同时两手移把，随身舞花，然后左手松把，举臂架于头上左侧，右手持枪绕头向右展臂投枪，目视右侧。（图23）

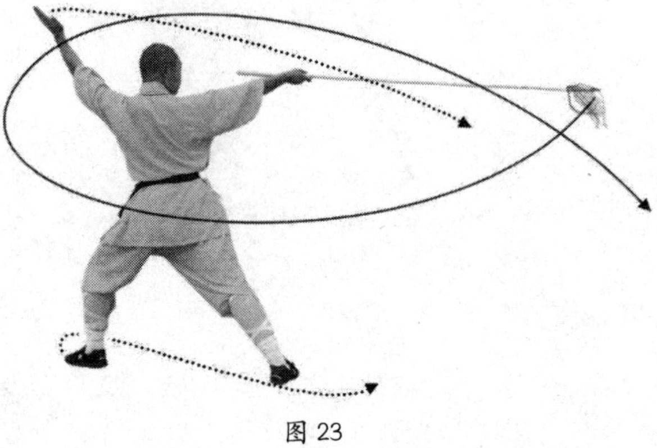

图 23

17.鸳鸯戏水

以两脚为轴，身体右转90度，左脚向前上一步，两腿成左弓步，同时右手持枪由右向左扫，左手接把，两手握枪由上向前下方刺，枪锋向前下方，目视枪锋。（图24）

图 24

18.蜻蜓点水

两脚向前跳一步，左脚落于右脚前，两腿成左弓步，同时两手握枪向右绞，然后左手向后滑把，由上向下扎枪，目视枪锋。（图25）

图 25

19.老翁开仓

右脚向前上半步成叉步，左手向上滑把，两手握枪向左绞，然后仰枪前刺，枪锋向前，目视枪锋（图26）；随之左脚向前上一步，以两脚为轴，身体右转90度，两腿成左弓步，同时两手握枪向右绞，然后落枪斜上刺，枪锋向前，目视枪锋（图27）。

图 26

图 27

20.鲁班背天

右脚向前上一步，以两脚为轴，身体左转90度，两腿屈膝成马步，同时两手向前滑把，舞半花，然后向右腋下压枪，枪锋向后，目视枪根（图28）；随之身体右转90度，左脚向前上一步，同时两手握枪舞花，然后左手脱把，右手持枪绕头抡旋，再斜背于背后，枪锋向前，目视前方（图29）。

图 28

图 29

21.白鸽钻云

右手持枪由右后绕头抡一周，然后抬两脚向前上方跳步，身体左转90度，当全身腾空时，左手接把，两手架枪往前格，枪锋向右，目视前下方。（图30）

图 30

22.老翁开仓

两脚落地后，两腿成弓步，同时两手握枪由右向上绕头往左抡，然后舞半花，向左上方撩枪，枪锋斜向左上方，目视右侧（图31）；随之两脚踮地，身体右转90度，左脚向前上一步，两腿成左弓步，同时两手握枪由左向右绕头抡枪，然后右手向下滑把，向前平刺，枪锋向前，目视前方（图32）。

图 31

图 32

23.青蛇吐信

右脚向前上一步，两腿成右弓步，同时两手握枪向左绞枪，然后左手向后滑把，两手握枪杆后端抬枪向前猛刺，枪锋向前，目视枪锋。（图33）

24.乌龙摆尾

左脚向前上一步，以两脚为轴，身体左转90度，两腿成叉步，同时两手握枪随身向左侧绕头抡，然后左手向上滑把，托枪向后扎，枪锋向左后下方，目视枪锋。（图34）

图 33

图 34

25.仙人摘桃

左脚后退一步，以两脚为轴，身体左转90度，同时两手向内滑把舞花（图35）；随之右脚向前上半步，落于左脚内侧，两腿成并步，然后半蹲，同时两手倒把向前刺枪，目视枪锋（图36）。

图 35

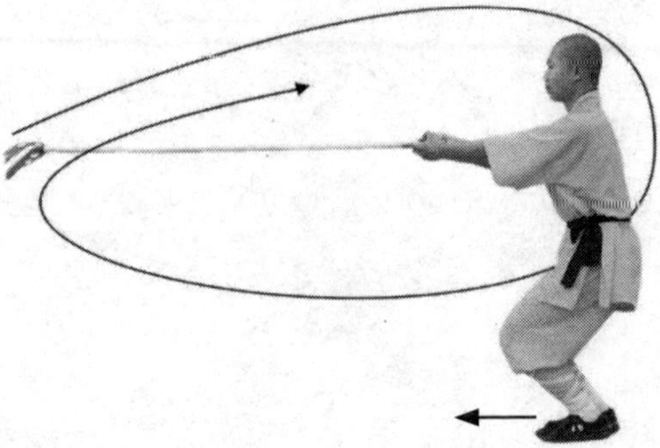

图 36

26.盲人敲门

右脚向前上半步，落于左脚前，脚跟提起，成右虚步，同时两手倒把由前向后绕头抡枪，然后舞半花，再滑把握枪杆向前直进，枪锋向后，目视前方。（图37）

图 37

27.燕子展翼

左脚向前上一步，落于右脚左侧，两腿成左虚步，同时两手向上移把舞半花，然后倒把，举臂架枪，枪锋向右，目视左侧。（图38）

28.黑熊卡脖

两脚向前跳一步，左脚落于右脚前，脚跟提起成左虚步，同时两手移把舞半花，然后向前挑枪，枪锋向前，目视前方。（图39）

图 38

图 39

29.下海扎鳖

右脚向前跳一步，左腿提膝，同时左手向下滑把，两手持枪由前往后绕头抡，然后倒把竖杆，向前下方扎，枪锋向下，目视枪锋。（图40）

30.黑风入洞

左脚向前落一步，右脚向前震脚，与左脚成并步，同时两手握枪由下向上挑枪，然后绕头抡枪，再向前刺（图41）；随之左脚向前上一步，脚跟提起，成左虚步，同时两手握枪舞半花，然后托枪向前斜下刺，枪锋向前，目视枪锋（图42）。

图 40

图 41

图 42

31.老龙盘窝

左脚踏实，右脚向前震脚，左腿屈膝，提起脚跟，同时两手向上滑把，握枪向右后方斜扎，枪锋向后下方，目视枪锋。（图43）

图 43

32.转身舞花

左脚踏实，右脚向前上一步，以两脚为轴，身体左转90度，同时两手倒把随身舞花（图44）；随之两脚蹍地，身体左转180度，右脚向右移步，落于左脚右侧，继续舞花，目视前方（图45）。

图 44

图 45

33.大火烧天

身体稍向左转，两手移把舞花，然后左腿提膝，同时两手向下滑把，握枪向左上方挑枪，枪锋斜向上，目视前方。（图46）

图 46

34.金鸡锁喉

左脚向左前方下落，两腿成左弓步，同时右手向下滑把，两手握枪由左向右舞半花，然后左手向后滑把，握枪向前刺，枪锋向前，目视前方。（图47）

图 47

35.转身卧枪

右脚向前上一步，以两脚为轴，身体左转90度，同时两手握枪向右

绞，然后两手向上滑把，随身卧枪，枪锋向左，目视前方。（图48）

图 48

36.老翁开仓

左脚向左跨半步，以两脚为轴，身体左转90度，两腿成左弓步，同时两手倒把舞花，然后右手向后滑把，握枪前刺，枪锋向前，目视枪锋。（图49）

图 49

37.云里观光

右脚向前上一步，脚跟提起成右虚步，同时左手向后滑把，两手握枪向右绞，然后向上挑枪，枪锋向前，目视前方（图50）；随之两脚向前上方纵跳，同时两手握枪向右绞，然后随身向前刺，枪锋向前，目视枪锋（图51）。

图 50

图 51

38.金鸡锁喉

两脚落地，左脚落在右脚前，两腿成左弓步，同时两手握枪由前向后绕头抡枪，然后向前刺枪，枪锋向前，目视枪锋。（图52）

图 52

39.黑鸦入窝

两脚向前跳一步，左脚落于右脚前，成左虚步，同时两手握枪由右向左绕头，再由后往前抡枪，然后左手向前滑把，托枪向前上方斜刺，目视枪锋。（图53）

40.弯弓射雁

收左脚向后退半步，以两脚为轴，身体右转90度，成前虚步，同时两手握枪向左绞枪，枪锋向左，目视枪锋。（图54）

图 53

图 54

41.孔雀开屏

向右绞枪，然后右脚向前上一步，两手倒把，由右向后舞半花（图55）；随之两手倒把舞全花（图56）；而后身体右转，抬左脚向前弹踢，同时两手握枪由前向后绕头抡枪，然后举臂架枪，枪锋向前下方，目视前方（图57）。

图 55

图 56

图 57

42.独拦鸿门

左脚落于右脚前一步，以两脚为轴，身体左转90度，两腿成叉步，同时两手握枪向右绞，然后倒把向左侧刺枪，再向右侧捣把，目视枪根（图58）；而后右脚向右跨一步，两腿半蹲，成马步，同时两手向外滑把，推枪杆向前，目视右侧（图59）。

图 58

图 59

43.鹞扑鹌鹑

向左翻身跳步，转体180度，落地后，两腿成马步，同时两手倒把，随身舞花（图60）；而后右脚向后退一步，左脚向右前方上一步，两腿成叉步，同时两手倒把舞花（图61）；然后以两脚为轴，身体右转180度，右脚向左前方上一步，两腿成叉步，同时抬枪向右后下方直刺，枪锋向后，目视枪锋（图62）。

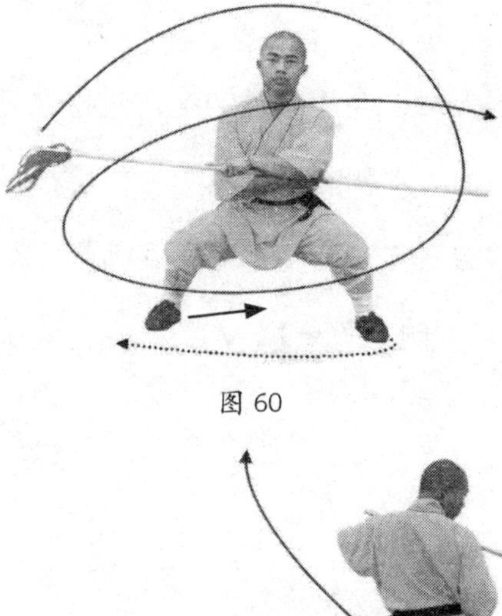
图 60

图 61

图 62

44.黑熊卡脖

左脚向前上一步，变为左虚步，同时左手向上滑把，由后向前抡枪，然后倒把托枪向上挑，枪锋斜向上，目视枪锋。（图63）

图 63

45.弯弓射雁

右脚向前上一步，同时两手倒把舞花（图64）；而后左脚向前上一步，成左虚步，同时两手握枪向左舞花，然后倒把托枪抬臂向前刺，枪锋向前，目视枪锋（图65）。

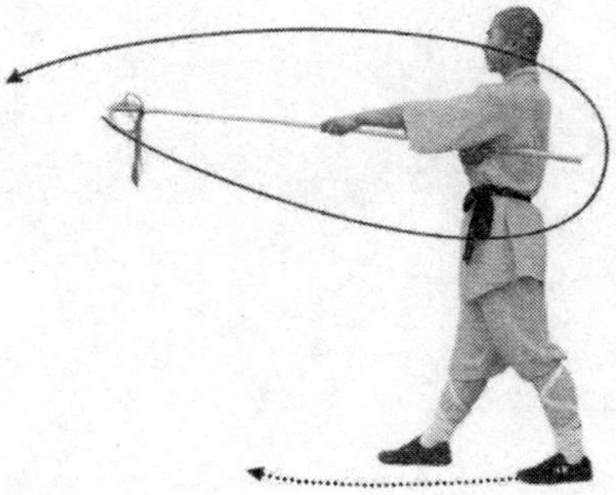

图 64

图 65

46.金鸡锁喉

右脚向前上一步，震脚，与左脚成并步，同时向左绞枪，然后左手脱把，举臂亮掌，右手持枪前刺，枪锋向前，目视枪锋（图66）；随之左脚向前上一步，两腿成左弓步，同时左手接把，向右绞枪，然后两手握枪向前方直刺，枪锋向前，目视前方（图67）。

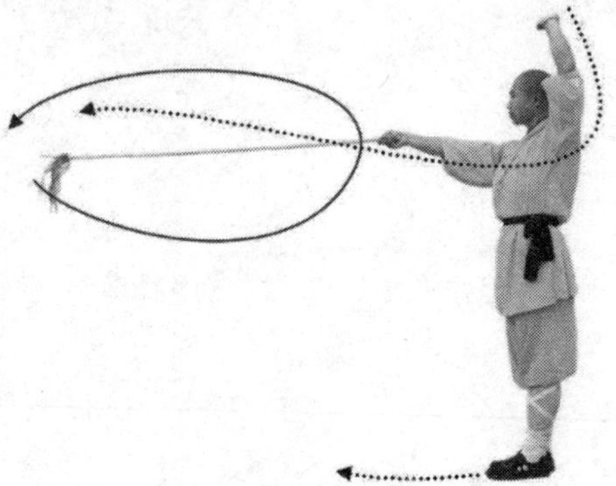

图 66

图 67

47.拦腰枪势

两脚向前跳一步，左脚落于右脚前，两腿成左弓步，同时左手向上滑把，由前向后抡枪，然后握枪由左向右拦打，目视前方。（图68）

图 68

48.乌龙入洞

收左脚向后退半步，脚跟提起，成左虚步，同时右手向后移把，两手托枪向前下方斜刺，枪锋向前，目视枪锋。（图69）

图 69

49.老龙摆尾

右脚向前上一步，两腿成右弓步，同时向前挑枪，然后托枪转身后撩，枪锋向后，目视后方。（图70）

50.迎日牵月

左脚向前上一步，身体右转90度，两手倒把，枪随身舞半花。（图71）

图 70

图 71

51.猴子背棒

两脚向左跳一步，同时两手倒把舞花（图72）；随之右脚向左，左脚向右移步转体180度，两手倒把舞花，然后左手脱把，右手抬枪越头落于左肩上，枪锋向左前上方，左手向上握枪，目视左侧（图73）。

52.坐山观阵

以两脚为轴，身体右转90度，两腿屈膝成马步，同时右手抬枪

越头，枪向前落于胸前，左手接把，两手握枪，枪锋向左，目视右侧。（图74）

图 72

图 73

收 势

左手脱把，右手持枪舞半花，然后竖枪于身体右侧，枪锋向上，左手由内向外向上再向内画弧，然后垂臂，抱拳于腰间，拳心向上，身体挺直，目视前方。（图75）

图 74

图 75